Shetland Humour

SHETLAND HUMOUR

Twartree selections

John J. Graham

The Shetland Times Ltd.,
Lerwick.
2014

ISBN 978-1-898852-85-8

First published by The Shetland Times Ltd., 2002.
Reprinted 2014.

Illustrations by and © copyright of Wilbert Thomson.

British Library Cataloguing-in-Publication Data.
A catalogue record for this book is available from the British Library.

Printed and published by
The Shetland Times Ltd.,
Gremista,
Lerwick,
Shetland, ZE1 0PX

Contents

Foreword

Humour is a vital ingredient of life and those with a flair for telling a good yarn or making a telling comment are rightly valued in all societies. The odd or incongruous situation will raise a laugh whether it happens in Bressay or Brighton, but we all appreciate our local brand of humour, where the language, the setting, the characters lend a special flavour to the situation. We savour not just the wisecrack but the taste of the local scene.

Shetland humour is to a great extent the product of people and place. Our harsh and unpredictable environment promotes a wariness, a reluctance to be too positive. We do not tend to enthuse. Displays of enthusiasm are countered with the non-committal "I widna winder!", "Laekly!", "Boys a boys!" or the dismissive "Hear you dat!" This tendency can have a destructive effect on anyone trying to introduce a new idea or project. The traditional Shetlander was not a natural innovator.

The stories in this small selection have given me many a laugh over the years and I am grateful to those who passed them on. I am also grateful to Wilbert Thomson for so successfully capturing the comic essence of several of the stories.

JJG

Innocence

A group of men were in aboot da nicht in a hoose in Yell. Dey wir spaekin aboot wild animals an what was da faercest ane. At da lang an da lent dey agreed at da tiger was maybe braaly faerce but whin it was raelly annoyed da elephant took some baetin. Da aald wife was makkin a cup o tae but whin shö heard dis shö stoppit an said: "Boys, I say dis at maybe soodna: elephants I can bide but I hae a aafil faer o tigers."

Erty was a Bressay man an kinda simple. He was been several lang trips i da Merchant Navy. Dis time dey wir been awa da maist pairt o twa year. Dey dockit at Sydney and da mail cam aboard. Erty was braaly slow at da readin an was sittin stimin owre his letter. Efter a braa while a beam cam owre his face an he said: "Boys, I hae guid news fae hame – Willa is gyaan ta mak me a faider."

Da men aa laached oot owre. "Man, du's spaekin nonsense," ane o dem said; "Hit's twa year fae du was hame."

"What's wrang wi dat?" Erty said. "Der tree year atween me an me bridder!"

Kirsie had gien ta da local bull wi her coo. It happened to be upon a Saturday an the fairm boys wir kinda anxious to get on wi da job an win hame. Da bull wisna very enthusiastic aboot da coo an da boys wir strikkin him wi der staves an sayin: "Come on man!" Kirsie watched dis for a bit dan brook in: "Laeve you him alane, boys. It's hard ta say what's gyaan troo his mind!"

A Shetland man was gyaan awa on his first trip. He arrived at da Railway Station in Aberdeen an joined da queue. Anxious to fin oot da procedure he listened carefully ta da body in front o him. He heard: "Maryhill, Glasgow, Single". So, when his turn cam he said "Peter Christie, Burra Isle, Mairried."

Twartree folk had gaddered to help wi da hirdin. Willie was wan o dem – kinda simple but laekit his grub. Da wife hed made a lok o taatie soup. Willie dispatched his helping in record time.

Da wife axed him if had enjoyed it. "Yae", said Willie, "What was o it." Dan he suddenly realised he micht hae said da wrang thing. Quickly corrected himsel: "Yae, dey wir laekly plenty – siclaek as it was."

Ee day trowe da last war a naval officer cam intae a Lerwick photographer's shop and axed if dey could frame a photograph o his fiancée – a Wren. He was telt dat was OK an he could get it if he called da next day. He did sae an was met by da photographer's wife wha wisna very familiar wi shop procedures.

Da officer axed if his framed photograph was ready. Da wife said: "What photograph?"

"A photograph of a Wren sitting on a chair", said the officer.

"I dunna tink we hae onything laek dat but I'll hae a look," shö said. Shö returned and said, "We dunna hae a photo o a Wren sittin on a shair, but he hae ane o a bonxie sittin on a rock."

An old Northmavine crofter's horse died i da middle o da Voar. He set aff fir Lerwick for anidder ane fae Ganson. He arrived at da stables an Ganson offered him an owld, woarnoot-lookin horse at da end o da line.

"Jöst da horse for you on your peerie croft. You can leave him staandin i da rig while you geng in for a cup o tae an he'll be dere whin you come back."

2

"But you'll be wantin a lock o money for a horse laek yon," da owld man said.

"I'll gie you a bargain o him," said Ganson . "£10".

"I'm no misdootin you," da owld man replied, "but I dunna hae dat kind o money."

"Well, I'll tell you," said Ganson, "I'll be fair wi you. I'll gie you 10% aff – cash down".

Da owld man wasnna quite sure what 10% meant, so said: "Dat's still a lok o money. I'll need ta tink aboot it. Can you keep da horse till I'm geen doon ta da Street for a cup o tae?"

Dat was agreed an da owld man set aff for a cafe on Commercial Street. A young waitress cam ta tak his order an he said: "My joy, I'm gyaan ta axe dee something. If I was to gie dee £10 i dee hand hoo much wid du tak aff for 10%.

"Everything but me socks," da lass replied.

A couple wir gittin on in years an still nae bairns appeared. Wan nicht dey wir sittin afore da fire an Willie looks up fae da paper he was readin. "Lass," he says, "here's an interestin advertisement – "Glaxo Makes Bonny Babies". Soodna we try dat?"

Shö looks up fae her sock. "Yae, we maybe sood. Does it say what een o wi has ta tak it?"

A young Shetland lass hed been on a Cordon Bleu Cookery coorse in Edinburgh an was hame on her holidays. Shö axed her graand-faider alang fir a meal an prepared a special fish dish for him, includin wine an herbs. He fairly enjoyed it an öt it up wi relish.

"Did you laek dat, granddad?" shö axed.

"Yae lass," he said, "yun was graand. Dey wir only wan thing. I tink du coodna hae wyshed da pot afore du made it. Dey wir a kinda fishy taste wi it."

Eftir World War 2 the government introduced new legislation to improve sanitation in rural areas. Da Sanitary Inspector had some difficulty persuading an elderly crofter ta bigg a new toilet. Eventually he got his wye and cam aroond ta inspect da feenished product. He was weel plaesed an congratulated da crofter. Da old man replied: "Yae, he's a bonnie sicht an I mean ta keep him dat wye, for da fit o man sall never stramp ithin him."

Realism

In Collafirth, Delting tree sisters bedd tagidder. Ane o dem was braaly ill an da doctor was attendin. He fan da patient in considerable pain an göd ta gie her a pain-killin injection. Sister Janny wasna very happy at all when the syringe cam oot but da injection was administered. Next day the doctor called and fan Janny oot benort da hoose flittin a coo. Shö made no attempt ta spaek tae him so he crossed owre da rig.

"How is the patient today, Janny?" he enquired.

Shö gae him a bitter look. "Da patient?" shö said; "ye killed her yisterday."

Owld Lowrie had lost his wife. A freend cam alang ta shaa sympathy an fan Lowrie sittin aetin a muckle bowl o gruel.

"I'm soarry ta hear o dy loss, Lowrie," he said, " but I'm blyde ta see du's takkin it sae weel."

"Na, na, my Robbie, it's been a sair blow. I'm grutten every moment fae shö deed an whin I'm feenished dis coarn o gruel I'm gyaan ta lowse again."

Dey wir a Shetlander in a platoon advancin on da Western Front. Dey approached a German dug-out an da sergeant said at dey wir nae mair as tree enemy soldiers inside. He ordered da Shetlander to enter da dug-oot an investigate. Da Shetlander was reluctant. Sergeant assured him da Germans wid be in a state of shock eftir da heavy bombardment an not dangerous. Shetlander was eventually persuaded.

"Aaricht dan", he said, "But if fower come oot dunna shut da first ane."

An old Sandness wife had nae hame an waandered fae hoose ta hoose. Shö died an wan o her neebors said: "Hit's laekly a mercy: dey'll ken whaar shö is noo."

Kirsty was a kinda doon-ta-eart body. Shö was wint ta geng ta da gutteen an when a freend said to her: "Du's shörly no gyaan ta da gutteen noo du's gotten a man."

Kirsty replied: "Yae, feth, dat am I. An as for men you can nedder aet dem or wear dem."

In the 1840 gale a Bigton crew wir aff in a fourareen. Da gale strack an tör da sail. Da men wir on da oars tryin ta keep her head up ita da wind, whin da skipper – a religious man – said: "Wir afore it noo, men. We'll hae ta offer up a prayer ta wir Maker."

A sceptical member of the crew (known as Deil-face) responded: "If you dunna keep her head up ita da wind you'll shön be staandin afore Him i your oilskins."

In da aald days dey wir a custom o haein strong drink at funerals, mainly becaas da coffin aften had ta be cerried lang distances an da men needit a coarn o sustenance on da wye. Funerals wir assessed accoardin ta da quantity o liquor ordered. A tree gallon funeral was reckoned very highly; a twa gallon ane was pretty good, an a wan gallon ane braaly poor. On dis occasion an aald wife had deed in Dale o Waas whaar dey wir a lang cerry owre da hills ta da Sandness graveyard. Her relatives wir regarded as braaly miserly an wir sittin planning da funeral. Da aald man was sayin very little but whin he heard da twa sisters suggestin at dey could jöst manage wan gallon, he interjected: "Na, na, Baabie 'll never geng owre da Hill o Sandness anunder twa gallon."

Da new minister was veesitin an elderly couple an said ta dem at he'd heard dey hed a son at was a missionary abroad. "Where is his station?" he asked.
   "Africa, bit he's no dere noo," da midder said.
   "Where is he now, then?"
   "My lamb, dey öt him."

An owld Waas man commented: "We wir boarn ta help idders."
Anidder character – a realist – said: "I winder what da idders wis boarn for?"

A Shetland man had been doon ta Buckingham Palace wi his wife whin shö got da MBE. Whin he wan hame a neebor man axed him what he tocht o da Palace. "Man, yun's some place. Every room wi skirtin-boards tae your oxters."

Robbie Snöddie was a Lerook character at earned a penny or twa pilotin ships aroond Shetland. A ship fae Sooth cam alang Lerook lookin for someane ta pilot dem ta Unst. A redder coorse-lookin Robbie turned up for da job. Da skipper lookit him up an doon an said: "Are you a pilot then?"

"Yae, dat am I," said Robbie.

"And can you take us to Unst?"

"Yae, dat can I."

"And do you know all the rocks and hazards on the route?"

"Na, I widna say dat."

"Then how do you expect to pilot us safely to Unst?"

"Weel, I tink I ken whaar der nae rocks!"

Alex an Johnnie wir twa bridders at bedd apon a croft. Dey wir braaly nearbegyaan an lookit weel eftir der twartree pennies. Alex deeid an da undertakers wir in makkin da final arrangements. Whin dey'd feenished een o dem göd troo ta da but-end an axed Johnnie if he wantit ta come an see his bridder for da hidmost time. He cam an lookit ita da coffin dan said, "Could you no a shaved him?"

"Yae" was da reply, we could a don dat bit it wid a cost an extry 1/3 (7p.)

"O weel," said Joannie, "you better jöst laeve him. It's no as if he was gyaan ony wye ."

Tall Tales

Brucie Henderson o Arisdale, Yell was a weel-kent story teller. He had a flair for recallin an event, weel-spiced wi veev exaggerations. He hed a niece in Canada an ee day got a letter fae her tellin aboot a serious illness shö'd hed. Her treatment involved a saline injection an a blood transfusion. Dis lay in Brucie's memory for a start, an his imagination wrocht apon it. Ee day a freend axed him hoo his niece in Canada was an Brucie replied: "Man shö's been most aafil ill. Nae idder human bein could a gone troo what shö's hed ta pit up wi. Does du ken dis, dey took every drap o blöd oot o her boadie dan pumpit her foo o sea-water; dan dey took dat oot o her an filled her wi da blöd o ten strong men!"

A lok o stories wir telt aboot a character fae Aithsting caad Strong Maikie Leask. Dis time he was wan o da crew o a Greenland whaler. Dey wir a bit awa fae da ship huntin selkies an hed biggit an igloo for shelter. Dey cam apon a quantity o selkies an hed killed a lok an wir busy skennin dem whin a Polar Bear appeared apo da scene. Dey wir dat trang wi der wark at dey never noticed him until he was braaly closs. Wan o da men roared "Bear!" an dey aa made a ripp for da igloo. Maikie was a peerie fellow although strong as an ox an he was hidmost in da race for da igloo. As he got nearer he could hear da pechs o da bear jöst nearly on tap o him. He gae wan graet sprit ta win ta da door an slippit apo da snaa. Da bear coodna stop himsel an trippit owre Maikie dan skeetit richt in da door o da igloo. Maikie got tae his feet, lookit in da door an roared: "So boys, flay you awa at yun een till I finn you anidder ane!"

8

Anidder Maikie Leask story taks place again on da ice huntin selkies. Again a Polar Bear comes apo dem suddenly an da men yokkit a gun apiece and fired at da bear. Dey wir only an ex left for Maikie. Da men in der panic jöst wounded da bear an made him a coarn faercer. He made for Maikie wha took a graet swap at him wi his ex. He missed da bear bit wheepit da head aff o Johnnie Jarmson. Da head was lyin dere apo da ice but, as Maikie said, "Quick was I, I grippit da head an stack him apo Johnnie's shooders. An hit was surely da severe cowld – bit it took – an he spak an was jöst hissel again – aa but fir a kind o reeb around his neck whaar da blöd was sturkened. We took him back tae da igloo an made him a cup o tae. I dunna ken whedder hit was da hot fire or da tae, but Johnnie göd ta sneet his nose an baaled his head ida ess!".

Anidder Leask man hed a wye o stretchin stories. He telt aboot hoo he cam apo five skarfs sittin in a raa apon a skerry. He wantit ta clean da lot wi his gun but coodna git da richt angle fae da tap o da banks whaar he was staandin. So he fell apon a plan. He wan fornenst da skerry dan jamp owre an fired jöst afore he strak da beach. "An does du know dis," he said, "I jöst klined da lot!" Someane axed: "Why did du fire afore du laandit?"

"Man! Da soond o me feet on da shingle wid a gluffed dem."

Peter Jamieson, or Patie o da Lee as he was kent, was a Weisdale man at da end o da 19th century. He hed a gift for stretchin stories ta da ultimate point. He telt eence aboot hoo he was on a merchant navy ship at caalled in alang London. It cam tae him at he wid tak da chance while he was dere ta seek oot Gladstone, da Prime Minister, an pit in a wird for gittin a grant for da biggin o his new hoose back hom in Weisdale.

"So", he said, "I set aff fae da Docks. Me rodd took me closs by Buckingham Palace an as I was gyaan alang da Palace briggistanes wha sood I meet but Queen Victoria comin wi a kishie o paets. Shö stoppit an axed me my name an whaar I was come fae. I telt her an shö said shö was heard o me an hoo I was a ship's carpenter. Shö windered seein I was sae göd wi me haands if I could mend her muckle bed at was gittin kinda shiggly wye. I said I wid dö dat an axed for a hammer an twartree nails. Shö set doon her kishie an göd inta da Palace an in a meenit cam oot wi a hammer an a nevfoo o gold garrons.

"So," said Patie, as he telled da story whin he wan back hame, "I sank da bed black wi gold garrons. An dan shö axed me da charge an I said I wantit naethin. But shö keepit me for da nicht."

Anidder Patie o da Lee story was aboot da time he was aboard a sailin ship in a storm. Dey wir driftin on tae a lee shore. Da skipper ordered da men ta pit oot da fore anchor. Da men coodna shift him so da Captain said, "Jamieson, you go an get that anchor into the sea. So I göd forard an telt da men ta staand aside. I skurtit da anchor an was makkin for da side wi him, whin blow me if I didna geng ta da hench-heads in da pitch pine daek."

Patie again telt o wan o his seafarin exploits whin da ship was battlin in a coorse gale. A muckle wave cam an washed him owreboard. "But," he said, "I saa a muckle skate sweemin by and quick was I, I yockit him by da tail, took a sharp ston in me haand an wrocht oot me coorse ta Scallowa on his belly. Dan aa I hed ta dö was steer him wi da tail an he took me richt in ta Blacksness."

A local shopkeeper was an inveterate romancer. He was never actively engaged i da First World War but dat didna stop him fae giein vivid accoonts o his experiences on da Wastern Front. He said he was in da Intelligence Corps an towld hoo he was taen prisoner whin da Germans owreran da British trenches.

As he said: "I was sitting in a German dugout, tied hand and foot and up to my knees in water. Then the British counterattacked and recaptured the trench.

The door burst open and Field-Marshall Haig entered: "Good God, Tait," he said, "What are you doing here?"

"Waiting to be shot at dawn," I replied.

A group o men – maistly ex-sailors – wir gaddered in a hoose yarnin. Een o dem – Robbie – was a notted teller o tall tales an was tellin aboot whin dey wir aff o da Sooth American coast an ran intae a flock o locusts.

"Man," he said, "dey settled apo da ship an öt every stitch o canvas apon her, so at we hed ta bend on a new set o sails."

"Boy," said Willie – anidder stretcher o da truth – "I believe every wird at du's sayin. We cam doon aboot da sam place aroond a fortnight later, an ran intae a flock o locusts, an every wan wi a canvas suit!"

Characters

Brucie Henderson, Maikie Leask, an Patie o da Lee wir ert-kent for der gift o exaggeration. Idder folk wir weel kent for der dry humour an drollness. Robbie Arthur, an uncle o mine, was a man wi a genius for da cryptic comment or observation.

At da close o da last War twartree men wir sittin yarnin aboot Hitler an what wid come o him. Someane said at dey wir a rumour at he was fled tae his mountain fastness at Berchtesgaden. Anidder commented at he wid never be funn if he wan dere among da mountains. Robbie took a draa apon his pipe an said, "I widna wirry. Dey'll git him whin dey caa."

Robbie was a stone mason an wirked aa owre. He was on a job in Weisdale an was plagued wi da peerie boy o da hoose aye takkin awa his hammers. Ee day he göd wi wan o Robbie's prized peerie hammers an cam back wi da handle brokken. Robbie was a very moaderit man an laekit bairns. Aa he said was: "Boy, if dee faider hed gien aboot it da richt wye whin du was boarn he could a been paid for keepin dee."

Robbie worked at Sullom military camp at wan time trowe da War. Air raid warnings wir frequent occurrences an da dreel was at you hed ta tak cover in wan o da air raid shelters. Da wan at Robbie an his gang wir supposed to geng til hed a lok o staandin watter inside an dis appealed less an less ta Robbie. Again da warning göd an dis time Robbie jöst sat in his chair i da hut smokkin his pipe. As da rest rushed for da door ta geng ta da shelter, ane o dem turned an said ta Robbie, "Is du no comin boy?"

"Na, no I," replied Robbie.

"But du could be killed, man," said his freend.

"I'd redder be killed as droonded," Robbie replied.

Robbie was biggin a hoose for Eddie Wood o Soond, Weisdale. Eddie was a hard wirker an was kerryin in da stanes at a rate o knots for Robbie ta bigg. It was a braaly hot day an da swaet was layin aff o Robbie. Robbie complained a bit aboot da rostin hot wadder an Eddie, wha hed been a merchant seaman, said "If du'd only been i da Sooth Sea Islands du wid ken aa aboot haet wadder."

"Yae," Robbie commented drily, "dey ploo apo dy kind dere."

Again while he was wirkin at Sullom the wadder hed been parteeklarly rainy richt troo da simmer monts. Ee day an airman said to Robbie, "Don't you ever have a Summer up here in this God-forsaken place?"

"Yae, dat dö we", said Robbie, "Noo at I come ta tink aboot it, he fell apon a Försday last year."

Robbie had bridders at wir droll as weel. Da postman was alang Kuckron wi da letters ee day an axed dem if dey'd heard at King

George VI was dead. Dis led tae a general conversation aboot da death an da possible caases. Davy said nothin an was sittin smokkin his pipe. At last da postman said : "What tinks du Davy? Hit's odd at a man laek yon wi da best medical attention shö'd dee sae suddenly."

"Yae", said Davy, "It's laekly some dirt he's aetin."

Anidder tale aboot da sam situation ended up wi Davy sayin: "Wan thing I do know – it wisna weet socks an holly draaers at brocht him ta yun."

Janny Shearer (Glybie's Janny) was a weel-kent character fae Whaalsa. Shö was keen on aal kinds o sport, includin model yacht racin. Dis day shö was watchin da yachts racin apo Tingwall Loch an followin dem aroond as dey teckit back an fore. Climmin owre a fence shö leddered her stockins an lat oot a plester. Een o da boys said shö wisna ta wirry for he hed his motorbike an wid nip doon ta Scallowa fir a pair. Dis he did but hedna realised Janny wör da aald style an got her a pair o tichts – braaly peerie eens at dat. Shö took dem an said shö wid change whin shö wan tae her dochter's in Lerook. Shö promised him a dram at da Legion later on. He turned up an dere was Janny holdin coort wi a dram aa ready for him. He took dis an axed if da stockins wir aaricht. "Dey wir laek-ly owre weel," shö said. Dan shö kiltid her skirt weel abön her knees an commented: "Whit ta heall is dis cod-end for?"

Willie was a muckle, bulderit fellow wi a fine sense o humour. Ee day I was at Grantfield Garage gettin a fill o petrol whin I noticed a battered van wi a massive rear-end protrudin fae under da raised bonnet . It could only be Willie. I axed what da problem was an a roond chubby face emerged fae da engine. "Shö's gotten an aafil cryin at da hert," was da reply. (An expression owld folk ösed ta describe a sharp pain at da hert).

Willie's wife had been i da owld Maternity Annexe in Lovers' Lane an he had come to collect midder an bairn. Bein Willie he didna knock on ony doors but buldered inta da main ward. A startled nurse asked if she could help him an Willie said: "I'm jöst come for da empties."

Christy Broon o Hillswick was a very active man even in his aald age. Up at da crack o daan, he was oot wirkin aboot da croft afore onybody else. Wan o his neebors said: "Christy was brunt a kishie a paets an smokkit an ounce o bacha afore da first reek cam in a Hillsook lum."

Willie was a Yell man aboot da 1880's at göd ta da Greenland whaalin. He was aye very calm in ony kind o situation. Ee time his ship was nippit i da Greenland ice an da skipper gae da oarder tae abandon ship. Da crew wir aa won aff an gotten apon a muckle iceberg whin someane noticed at Willie wasna ta be seen. Da skipper sent ane o his shipmates aboard ta fin oot what was happened ta him. He wan doon below an dere was Willie sittin apon his bunk wi his kit-bag, an haddin up a wirset sock. "Boy", he says, "du's no been awaar o da neebor o dis sock?"

The Incongruous

A flitboat on Yell Soond had a very hot-tempered skipper assisted by a peerie quiet man wi a pronounced lisp. Dey wir takkin a lodd o shingle across ta Mossbank on a braaly windy day an da skipper was haein a difficult job linin her up for da pier. Supervisin da berthin operation was a very bossy character. As da flitboat cam nearer he shouted: "What's your cargo?"

Da skipper gae an abrupt "Shingle" but it was lost on da wind. Da man on da pier tried again but looder. Again da answer was lost. The third time – the boat was noo closs ta da pier – da skipper lost his rag aatagidder an grund oot "Shingle! Shingle! Shingle!" Still da man on the pier couldna understand da message an da peerie man, staandin wi da moorin rop at da forehead o da boat, lookit up an said "Shmaal shtons, sir."

Da Mossbank postman was haein a cup o tae in ane o da hooses on his roond. Da con-versation was on aboot da local multiple crofter an hoo he seemed ta git sheep on every vacant bit o girse. Dan dey startit ta spaek aboot da recent discovery o what seemed ta be vegetation on Mars. "Na, na," says da postman, "der nae vegeta-tion apo Mars, I can assure dee o

dat. Else Lowrie wid a hedd twartree hogs apon him."

An owld Bigton man bocht an ancient van. He coodna drive but da local boys shaad him da basic manoeuvres. He drave back an fore for a bit alang da side rodd whaar his croft was, but ee nicht he tried her oot apo da main rodd. He managed no sae ill but whin he cam ta sloo her aroond intae his hame rodd da engine staalled an he was stuck blockin da main rodd. He tried owre an owre again ta start her but no luck. Da doctor cam alang in a dirl an blew his horn impatiently. Eftir a bit da owld man slowly cam oot o da car, göd owre ta da doctor's car an said: "I was winderin, doctor, if I höld your horn you micht muv my car."

Aald Peter was tarrin his röf whin da minister cam alang. "Seeing you there on the ladder, Peter," the minister said, "reminds me of the story of Jacob's ladder with the angels ascending and descending and I'm wondering why the angels should have needed a ladder."

Peter tocht tae himself a meenit dan said: "Weel, I dunna richtly ken. Aless, maybe, dey wir lossin der fedders.

A case o defamation o character was bein held i da Sheriff Coort. Da defendant was axed what da accused had said to her. "Me Loard", shö replied, "shö said I hed a face laek a midderless foal drinkin frosty watter apon a empty stammick."

An owld blinnd man hed been bidin his sel for a bit an had gotten aafil dirty. Eventually dey took him in ta da owld Coonty Homs. A neebor göd alang ta see him and whin shö wan hame shö was axed hoo he was gittin on. "O," shö said, "dey hed an aafil wark cleanin him up. Dey wrocht apon him for maist pairt o an efternune dan cam apon a waistcott."

Gibbie an Ellen Jeemson wir an aald-fashioned couple at bedd in Cunningsburgh wi Willie der only bairn. Dan dey wan da Pools an der wirld göd heels-owre-head. Ellen had alwies wanted Willie ta hae a göd education an shö noo saa her chance.

"Gibbie", shö said, "What aboot pittin da boy ta da best college at money can buy. We hae it noo an here's wir chance."

"Weel aaricht, but whaar tinks du will we pit him? Du minds he wisna dat great at his lessons here at Cunningsburgh."

"Yae, but yon places Sooth can fairly drive it in. What tinks du aboot Oxford?"

At da lang an da lent Gibbie agreed ta tak Willie doon ta Oxford. Dey arrived an he axed ta see Da Head Man. Eventually he was ushered into da Principal's office whaar he telt him his aer-rind.

"But, my dear sir," said the Principal, "your son has no entrance qualifications."

Gibbie persisted and eventually said he wid pay göd money if he wid only lat Willie in. Dis seemed ta wirk an he got Willie signed on. He left him an set aff back ta Shetland.

Willie wrott hame regularly an dey enjoyed his hamely letters but, as da weeks göd on, he started ta use graet, muckle wirds at dey coodna understaand. Ellen especially was delighted. "Man, Gibbie," shö said, "wir Willie is fairly gittin eddicated. I canna understaand a wird he's writin tae wis at all. Isna du blyde we sent him ta yon Oxford?"

Dan cam da Christmas holidays an Willie arrived back hame. He was knappin a coarn but was still da sam aald Willie. He helpit Gibbie wi da sheep and göd aroond wi his aald freends – ta da han-dline, shuttin rabbits an, of coorse, tae a dance noo an agen. Whin it cam da time for him ta geng back ta Oxford he wisna owre blyde but göd aa da sam. Dan da letters started again but written in da sam aald hamely style he was wint ta use. Ellen got wirried. "Gibbie, what's come owre wir Willie? I tocht he was bein eddicated but he canna be for I can understaand what he's writin. Du'll hae ta geng doon yonder an see what's gien wrang.

So Gibbie set aff for Oxford. He cam inta da Principal's office an noticed da clerical lasses wis aa wearin Fair Isle jimpers. In anidder room twa lasses wir spinnin yarn an anidder een sittin makkin. Whin he fann da Principal's room at last, he was amazed ta see him sittin wi a baet o floss atween his teeth – makkin a kishie. Da Principal lookit up: "Come away, Mr. Jamieson, you'll see a lot of changes here since your son took over."

O Wid Some Pooer the Giftie Gie Us

Twa Whaalsa men wir on Commercial Street an saw a very thin lass riggit aa in black approachin dem. "Boy, Lowrie, what ta Goad tinks du is yon?"

"Weel, I don't richtly know. Aless it's da first o da spents."

A Whaalsa man was looking at a photo i da "Times" o a bein wi a graet frush o whiskers an remarked: "What ta Goad is yun?"

A freend o his said: "Boy, du ocht ta ken wha yon is. His faider was a Whaalsa man."

"Weel, Whaalsa faider or no, it looks juist laek a burst kyaar fender."

Dey wir a braaly ill-laek man at bedd in Nortmavine. Ee wife said: "His midder cerried him around for a fortnicht afore shö kent what end göd uppermost."

Some Mair Whaalsa Stories

Twa Whaalsa seamen on a ship i da Red Sea wir leepin wi da haet.

"Boy, kens du what day dis is?" says wan.

"No."

"Man, hit's da Whaalsa Regatta."

"Boy, der gittin a fine day for it."

A Whaalsa man on da owld Skerries ferry was collectin da fares. Sköl-bairns were free. He approached a thin, bespectacled craetir in shorts an axed: "Is du a stjuilboirn?"

Da puzzled veesitor looked uncomprehendingly an said "Pardon?"

Da Whaalsa man tried again wi still nae response but "Pardon?" At dis he gae up an turned awa, sayin tae himsel: "Goad, he dusna keen if he's at da stjuil or no."

A Whaalsa man was telling his mate about his wife learning to drive the car. "Does shö geng fast?" his friend axed.

"Fast?" was da reply. "Man, whin shö pits da fit doon da Hydro poles geng by laek da teeth o a redder."

Twa unmarried sisters bedd wi der unmarried bridder Lowrie. Lowrie was a lazy sort o craetir an never seemed ta hae a job. Wan simmer whin da herrin boats wir gittin crewed up, a neebor axed ane o da sisters if Lowrie was gotten apon a boat. "He, he!" was da reply.

"What's he tinkin ta dö owre da simmer dan?"

"Laekly sit at da gavel o da hoose swappin flees wi his cepp, sam as he's aye donn."

A Whaalsa wife wanted ta donate her piano ta da local hall. It was during da herrin season an she could never finn enoff men ta help her ta shift it. Dan ee day she noticed a Lerook flitboat in at da pier an persuaded da crew ta come an gie her a haand. Whin da boat didna win back ta Lerook at da usual time da boss phoned Whaalsa an got a hadd o da wife wi da piano. Shö explained what da men wir doin.

"But what wye are dey takkin sae lang?" enquired da boss.

"Weel, du sees, da minister cam alang whin dey wir tryin ta git da piano doon da stairs an dey coodna swear."

Twa Whaalsa fishermen met ee day. Wan o dem says: "Boy, fae dee boat göd on da slip last week is du been aff wi dee peerie boat at da handline ava?"

"Yae, dat am I but I'm hed an aafil time wi dis sylkies."

"What means du?"

"Weel, I was aff twa days sin syne. I baited me hjeuk an baaled him ida watter. Nae shöner wis he i da watter but a graet muckle sylkie raise an glaepit him. I did da sam again and, boy, didna da bröt glaep him again. I got fed up an opened up da ootboard an göd a braa bit farder doon alang. Again I baals in me bait and du'll no believe dis, bit da bugger raise an glaepit him agen."

"But what wye did du ken it was da sam sylkie?"

"Man, he was pechin!"

Skyimp or Sarcasm

Yell man biggit boats in his spare time. Got an Assessor's Return to be filled in. Regarded form-fillin a nuisance so filled it in as follows -

Size of workshop – 3 acres
Bounded by – 3 five-strand wire fences an a staney daek
Floor – girse

Mode of illumination – sun by day; moon by night

Further details – If it looks laek makkin up for a ill day, an da wife is in a göd lay, I tak her in apo da but flör.

In Cunningsburgh dey wir a runnin feud atween an owld man wha stack tae da owld wyes an a young boy at mocked him for bein owld-fashioned. Da boy had ordered a bike fae a dealer in Lerwick an decided at he'd pick it up da day at da owld man guid tae da toon wi his pony an trap. He did sae an waited for da time whin he kent at da owld man wid laeve Lerwick. He hung aff till da pony an trap wid be oot aboot Gulberwick dan he set aff pedallin laek mad eftir him. He sune cam apon da owld man an raced past him ringin his bell an wavin. But on guid da pony an trap, clip-clop alang da rodd, never changin speed. As wid happen da boy got ta Quarff an didna he git a puncture. Bit he got goin as fast as he could an mended it afore da aald man could pass him. Hoosumever, he was in datna hurry gittin da tyre back on at he left a bit o da tube stickin oot. Onywye he was on an aff afore da pony an trap owretook him. But his triumph didna lest lang. As he was pexin on as hard as he could for Fladdabister didna da tyre blaa oot an he was left ta ledd da bike. He could hear da steady clip-clop o da pony comin nearer an nearer. As dey passed him, da owld man lookit doon an said: "My! Ye're leddin your ane!"

A group o men wir biggin up da gavel o a hoose an waelin among da stanes for da maist suitable eens. Dey cam apon a muckle stane at wid a been splendid for a lintel, but could dey muv him. Ane o dem – a tall kinda braggy character caad Seemon, said: "Jöst you aa staand back boys, an I'll lift him for you." Dey stude back an he set on an heaved but coodna shift da stane. Ane o da men turned ta Robbie – a short, thickset man, an said "Boy, can du hae a go?"

"Weel, I can aye try," Robbie said. He braced his legs, took a good hadd o da stane an aesed it up owre.

Seemon was astonished. "Man, I never tocht du could a shifted him."

"Robbie smiled. "Du sees, Seemon, what du has Nort an Sooth, I hae Aest an Wast."

Twartree men wir gaddered in a hoose aboot da nicht an wir yarnin aboot der sea experiences. A young seaman was braggin aboot a long, hard trip he'd had. Wan o da men got kinda fed-up o his blow, an said: "Boy, foo lang was du on yon voage?"

"Five weeks."

"Man, owld Willie (a sailin-ship man) was langer on ae teck!"

Religion

Aald couple wint wi plain Testament got a muckle illustrated edition o da Bible in a present fae der son. Dey opened da parcel ta finn on da cover a colour illustration of Saul slayin Philistines wi da jaa-bon o an ass. Da aald wife said: "Na Willie if dey hae yon onkerry apo da brodds what kinda play, tinks du, will we finn in trowe?"

A Whaalsa skipper was listenin ta da radio whaar twa Nor-aest coast men wir goin on aboot religion and harpin on aboot what a glorious day it wid be when they got to the Pearly Gates. Da Whaalsa man got fed up, pressed da Record button an said: "Boys, I widna lippen owre muckle – you micht git a sook-in yit."

Da new doctor was a keen Christian. He paid his first veesit to Betty wha had been bedridden for twartree year an decided to gie her a thorough examination. Afore laevin he knelt by the bedside and said a peerie prayer. Juist as he was gyaan oot da door Betty said: "Excuse me, sir, did you say you wir da doctor or da minister?" "I'm the doctor, of course."

"O dat's aaricht dan. I was juist tinkin at if you wir da minister you wir been kinda fameeliar wye."

Dey wir a hoose in a certain parish at was braaly primitive an was caad "Da Stable." Ee day a man was gyaan by an da wife happened ta be flingin da ess oot da front door. It göd aa owre him an he fairly lost his temper.

"Du dirty haethin!" he shouted, "Nae winder dey caa dis "Da Stable".

"Watch what du's sayin," said da wife. "Wir Loard was boarn in a stable, an I'll tell dee wan thing: du'll never see da face o Him!"

After a Harvest Thanksgiving service an da singin o da hymn: "We thank Thee for the gentle rain", an owld fellow was heard ta comment: "Whit a hymn ta sing an everybody gyaan aroond sayin: "Sink dis weet simmer!"

An evangelist was haein a campaign in Shetland. He started in Unst an was makkin his wye sooth trowe. He cam ta Scallowa shortly afore Yule. Ane or twa at da back o da meetin-place was hed a göd dram. Da preacher began:

"Three weeks ago I fought with the Devil in Unst – and beat him.

"Two weeks ago I fought with the Devil in Yell – and beat him.

"Last week I fought with the Devil in Voe – and beat him.

"Dat's da stuff!" cam a voice fae da back o da hall. "Keep on drivin da bugger ta da Suddard!"

Minister had preached sermon on "Faith can move Mountains". Old wife heard sermon an tocht aboot her ain hoose wi da muckle knowe in front at blockit oot her view. Shö göd hame an, dat very nicht, prayed hard an lang. Neist mornin shö raise an lookit oot da window. Da knowe was still dere. Shö gae a muckle seich: "Yae, I tocht as muckle!"

An owld fisherman wis haein some difficulty in gittin ta grips wi his new Kelvin engine. He was a strong evangelical an, on dis occasion, he had been strugglin for a braa while ta start da engine ithoot success. At last he drappit doon on his knees an said: "O Loard, Loard! I'm in a richt pickle. I want ta spaek richt noo ta You Yersel – nae da Loon."

Twa exiles wir hom fae Vancouver for a trip an dey wir taen for a run in Joannie Philip's taxi. Joannie was a droll character an as dey wir goin alang da Hillhead dey passed a local merchant wi a reputation for shady deals, on his wye tae a funeral. He was wearin a hard hat an a lang black cott. Maggie axed: "Is yon a priest?" Joannie replied drily: "I doot hit'll tak a braa twartree draachts o da harrow ta mak yon ane a priest."

Da local minister was attendin Da Assembly in Edinburgh an delegated wan o da elders ta tak da service whin he was awa. Lowrie was a kinda nervous man an wisna owre keen ta dö it but was finally persuaded. He raise an gae oot his text – "I am the Good Shepherd" – dan dried up. He tried da text again: "I am the Good Shepherd" – bit still coodna mind what ta say next. Again he cam wi "I am the Good Shepherd", whereupon a voice fae da congregation was heard: "I tink du'd better gie up bein da shepherd, Lowrie, an come doon here among wis sheep."

27

A Burra Isle man cam ta Scallowa ta see his deein midder. Whin he cam in shö said: "Boy, I'm blyde ta see dee. Du ösed ta hae a bonnie voice; I'd be aafil blyde if du wid sing me "Nearer my Goad ta Thee". He telt eftir at he sang da hymn troo an whin he was at da hidmost verse he could feel her haand "waaverin laek a hinniwir i da ebb."

Communication Problems

A tourist fan a skaadman's head (sea urchin) on a beach an was winderin what it was. He saw an owld crofter comin alang da beach so he stoppit him an axed: "I wonder if you could tell me what sort of bird laid this remarkable egg?"

Da crofter windered if da man was haein him on so jöst said: "I coodna richtly say." Da tourist persisted: "Have you no idea what sort of bird it might have been?" Da crofter gae a muckle seich an said: "I coodna richtly say what bird it was, but wan thing I do know – he's been a birsy bugger ta lay."

A Yell man at was a bit o a character an aye spak braaly broad, göd ee day ta consult Dr Taylor aboot da bairns' diarrhoea.

"Good morning, Jarm," da doctor said. "what can I do for you today?"

"Weel, doctor, da bairns is gotten a aafil dose o da greenbowe." (term used for similar condition in sheep)

Dr Taylor smiled. "Well, Jarm, I'm afraid that's a new disease to me."

Jarm smiled an said, "Laekly you jantry 'll caa it da skitter."

A Whiteness man was wirkin in Yell an bidin in a workmen's hut. Ee nicht he got an aafil pain in his guts. Hit widna aese so da boys persuaded him ta send for da doctor. Dr Smith cam an axed John what kind o pain it was. John said it was da warst pain he'd ever experienced. Da doctor axed him if he could describe it. John tocht a bit dan said, "Weel, it's da sam as if I was giean birth tae a wheelborro – trams first."

Owld Gibbie fan it hard ta read da newspapers, so every week he göd doon alang his neebor an listened ta him readin oot da main news fae da "News of the World". Dis week der hed been a murder veevly described. A married couple had quarrelled an da man had hanged da wife.

Gibbie cam hame full o dis story. He had a vivid imagination an telt da story tae his bridder something laek dis: "Der some aafil folk doon yunder ida Sooth country. Dis man had faan oot wi his ting o wife an efter dey wir tóllied for a start he yockit her I da trot an afore shö kent whaar shö wis he reeved her tae da crossbaaks."

Twa ministers fae da Nort Isles set aff for da General Assembly. Dey hired da Yell Soond ferry – a sailing boat at dat time. Da wadder an tide was braaly coorse an dey began takkin lumps o watter. Wan o da ministers said to da skipper: "Would it help if we offered up a prayer?"

Da skipper's reply was brief: "Da muckle een owse; da peerie een pray!"

An elderly lady fae Shetland was in Edinburgh bidin for twartree weeks wi her mairried son an faimily. Shö noticed da gairden was braaly owregien an decided ta dö somethin aboot it. Shö göd alang an ironmonger an axed da assistant if dey hed ony hyeuks.

"I beg your pardon," said da assistant.

"A hyeuk man! a hyeuk!" shö replied; "for riskin girse wi."

A North of Scotland College of Agriculture adviser was giean a lecture on hoo ta improve crops. Wan owld man i da audience was very sceptical an keepit on sayin: "Yun'll never wirk!"

Da lecturer eventually got fed-up an said: "Well sir, can you tell me what you grow on your croft?"

"Yes, I'll tell dee. Nothin but runshik, craatae, okrabong, meldi an hellery."

A new Wesleyan minister had just arrived at Waas an göd ta da shop for some paraffin. As he was axin for it, Aald Tammy, anxious ta mak conversation, said "Dis parafine is an aafil price nooadays."

Da minister coodna mak oot what he was sayin so said "Pardon". Tammy tried again still wi da sam result – "Pardon". Eventually he gae up and said: "Weel, du'll ken whin du comes ta pay for it."

Vivid Comparisons

A very strong an determined man had a dram ee nicht an quarrelled wi folk at a function i da local hall. He dirled oot o da hall in a fury an set his shooder ta da gavel an tried ta shiv it doon. Ane o da men at saa him said: "Man, da veins o his neck stöd oot laek yard-wirms eftir an uplowsin."

A group o Delting men wir i Adie's shop settlin up for da Faeroe Saeson. Da men wirna happy wi what dey wir gittin. Da shop foreman was very much an "Adies's man" an was tryin his best ta hear what da men wir sayin among demsels, at da sam time pretendin he was wirkin aboot da shop. An owld man was watchin his antics an said: "Sees du him löin (listening) laek a soo wi watter in her lug."

A weel-kent Lerook business man was very ostentatious in his menner an cultivated a flamboyant signature at consisted o a flourish wi da pen. I shaa'd a letter fae dis man tae a freend an he lookit at it a bit dan said: "Boy, aless a hen makkin for a baak an missin."

Da employees o a local firm wir makkin plans for der öswal Christmas pairty. Someane said: "Whaa's gyaan ta look eftir da booze?" Anidder ane said: "What aboot Lowrie?"

"Goad!" said anidder, "you micht as weel set a dyeuk ta look eftir a bag o coarn."

A crofter at Soond applied ta da Land Court for compensation whin a pairt o his croft was taen for da Watter Warks. He was axed by da Chairman da acreage o his croft and replied: "Tree acres."

"What stock does it carry?"

"Wan owld yowe, My Loard, an sae help me Göd shö's laek a lantern!"

Basil Copland, a quick-witted Scallowa character, was time-keeper at da local regatta. Da "Ivy" was a graet muckle boat wi a huge handicap. In dis parteeklar race aa da idder boats wir awa oot da Soond but still da "Ivy" sat at da slip, waitin for da signal fae Basil, stop-watch in haand. Eftir a braa while he said ta da "Ivy" crew: "Boys, it's no a stop-watch you need: it's a calendar."

Old Shetlander describin a paet-bank cassen by an incomer. "Man, it was laek nothin on aert – aless maybe a bing o saithe coosed apo da pier wi an antrin ling höved in among dem."

A group of schoolboys were off in a boat being taught hoo ta row. Twa aald men were watchin. Ane o dem says: "Can dey mak onything o da rowin? Da idder replies: "Dey! Aless a lok o whaalps leppin buttermylk!"

Some other comparisons:

A face laek a run daek-end.
Staandin dere laek a midderless foal.
Staandin dere laek a dyook glyin for thunder.

Repartee

During World War 2 a group o fower men wir wirkin doon i da hold o da "Magnus".

Da Air Raid warning göd but dey wir been twartree false alarms already so dey keepit on wirkin. Whaalsa Willie was on da deck abön an shouted doon: "Boys, are you no heard da Air Raid Warnin?" Still dey keepit on wirkin.

"Are you no comin oot?" Willie roared. Still no reply. Willie, now fairly excited , roared doon, "What'll you dö if a boom laands i da hold?" Wan o dem quietly replied: "Jöst wait an see if he's addressed for Aberdeen or Leith."

Da minister was crossin ta Fair Isle on da "Good Shepherd" an was seek da hale trip. Dey wir comin closs at last ta da Nort Haven an it got a coarn easier so he cam up on deck. Juist afore dey got in dey strack a patch o rougher watter an he was seek again. Da skipper lookit at him an said: "You're döin weel – da Loard loveth a cheerful giver."

When da Crofters Commission was established eftir da Crofters Act, dey hed meetins aa troo Shetland. At wan o dem on Fair Isle an old Stout man was geein some hard evidence against John Bruce, da laird. Bruce was furious an raise ta interrupt him but da Chairman restrained him, sayin: "Give Mr Stout his chance to speak, Mr Bruce; you will have yours in a moment."

As Bruce sank doon in his saet, da Stout man was heard ta say: "Aye, Beelzebub's dogs can still bark, but dey canna bite."

An old Sandwick man had an accoont for £2.15/- staandin for a long time ida laird's ledger. Finally, da laird decided ta dael wi it wance an for aal. He summoned da tenant tae da estate office an said: "I'm fed-up with this account standing year after year. I am going to strike it out of the ledger here and now." He drew his pen trowe da accoont an said "Now I've given you a new start: I hope you can start out afresh by paying regularly". Da old man said nothing but conteenued ta staand.

"Well", said Bruce, "that is all. What are you waitin for?"

"Weel, Mr Bruce," said the old man, "I was tinkin it was a pör settlin up ithoot a dram."

Da old Yellsoond ferry was wint ta tak a lang time crossin whin da wadder was coorse. Twa weemin wir on da ferry dis parteeklar day an ane o dem says:

"O my, I wiss I hed a cup o tae."

"I'm no carin aboot tae," da idder een says – if dey ony juist hed a watter-closet apo da boat."

Shortly eftir, da first wife seiched an said: "What I coodna dö wi a cup o tae."

"Weel, if du's dat aaber for tae," da idder ane said, "du could aye a tane a Thermos flask wi dee, but I could hardly geng carryin a bucket."

An Orcadian was veesitin New York an was bein shaain around bi his bridder-in-laa at happened ta be a Shetlander. Dey met in Grand Central Station an da Shetlander said: "Boy, what tinks du o dat fir a beeldin? An does du ken dis: it was a Shetlander at drew up da plans." Dey got on a taxi an wir passin a muckle hospital whin da Shetlander said: "Sees du yon monster o a beeldin. Du widna believe at a Shetlander biggit him." So dey geid on until da Shetlander pointed tae a colossal edifice an said, "Sees du yon, boy? Yun's da Empire State Beeldin."

Da Orcadian jamp in: "Du's no telling me at a Shetlander big-git yon, is du?"

"Na, na," da Shetlander said. "But der a Ness wife at wyshes da stairs!"

R. D. Ganson was Chairman o da local Health Committee. Shetland had appointed its first Medical Officer of Health. Some fock wir critical o da appointment an said der was nae need o anidder doctor. A local shopkeeper, who rarely spak at meetins, commented: "A lot of people wonder what Dr Crawford is doin here."

In a flash, Ganson replied: "I wouldn't worry about that, Mr Anderson; a lot of people wonder what you're doing here."

In da 19th century da poor wir lookit eftir by da hale community on da quarter-poor system. Da perrish was divided up inta quarters an da poor wir allocated on da basis o sae mony nichts in every hoose ida quarter. As da system grew da Parochial Board began ta gie fock sae muckle for every poor body quartered – a mere pittance. In Bigton dey wir ee lazy aald character – Johnnie - at lay

around da fire never offerin ta dö a haand's turn ta help wi da croft wark. Dis parteeklar day da folk wir trang hirdin da coarn whin da man o da croft cam in for a drink o watter an fan Johnnie sleepin afore da fire. A lowein coll was faain fae da fire an set lowe ta een o his tick wirset socks.

Da man roared at him: "Man, can du no wirt slock dee ain bloddy socks whin der burnin?"

"Slock dem desel," Johnnie replied, "Du's weel paid for lookin eftir me."

Captain Willie Smith, Lerwick Harbour pilot, was noted for his repartee an aften took it out on da Harbourmaster. Dis time, Willie had piloted a muckle tourist liner in da Sooth Mooth. As he cam ashore, he was hailed by the Harbourmaster: "Smith, why didn't you take the ship farther into the Harbour. If I had been in charge I would have taken her in much farther."

"You tak her in!" Willie scoffed. "Da only bloddy thing you ever took in was the Harbour Trust."

Twartree folk wir wirkin i da paet-hill on a braaly windy day whin a flan o wind filled a young man's eyes foo o motts. Jessie had a name as a göd mott-licker an was summoned to da rescue. Shö took da young man's head under her oxter an applied her mooth tae wan o his een. He began ta sprikkle a bit. "I'm no hurtin dee, am I?" shö axed.

"Na, na," he said, "but I wid be blyde if du wid laeve da blue side ootermist whin du's feenished."

Da Census enumerator caaled alang dis hoose ta collect der forms. Da hoosehold consisted o elderly parents, twa dochters an an infant bairn. Whin he cam ta da bairn he axed da midders's name, an da lass telt him. Dan he aksed wha da faider was an dey wir nae reply.

At last da granny said: "Nae faider – jöst da Loard's will."

As da enumerator was laevin he pat his haand apo da idder lass's head an said: "Mak du shör, my joy, da Loard dösna hae his will wi dee."

Husband was tellin a tale an wife keepit on correctin him. At last he said: "Lass, du micht as weel tell da story desel."

"Na boy," shö replied, "Cerry du on an I'se keep dee richt."

Aald Johnnie Cluness (A.T.'s faider) had a dry sort o humour. He bedd in da Wasting o Unst. Andy Irvine, een o his neebors, was a cheery character, but he had little idea o music. Ee Sunday Johnnie's peerie niece, Lilian, cam owre ta veesit him an was oot playin. Eftir a bit shö cam rinnin in. "Daa", shö said, "Andy Irvine is an aafil bad man!"

"What wye says du dat?" Johnnie axed.

"He's gyaan aboot whistlin springs an hit's Sunday an da Göd Man 'll be aafil angry wi him!"

"Never du wirry dee hert aboot dat, my jewel." Johnnie said.

"Hit'll tak da Göd Man aa his time ta ken what Andy Irvine is whistlin."

Romance an Coortship

A Fetlar man coortid a lass at ta idder end o da Isle for owre 30 years. Every Sunday nicht, whatever da wadder, he veesitid her. Wan braaly coorse nicht he was gittin ready ta geng an his bridder said: "Boy, why does du no tak Lizzie an save dee aa dis waanderin."

"Na, na boy – what wid I dö wi me Sunday nichts?", cam da reply.

A Merchant Navy seaman was hame for twartree weeks an, as he was wint, paid regular veesits tae Jeannie. He never made ony muv ta propose an whin he cam alang da nicht afore he was due ta geng awa, shö was gittin braaly anxious. At last he raise ta geng an hoop sprang in Jeannie's breist whin he said: "I winder, Jeannie if I could hae a wird wi dee at da door?" Shö raise an göd wi him. He stöd silent for a bit dan said: "I was tinkin aboot gittin married neist time I'm hame.

"O" shö said, "dat wid be fine. Wha is gyaan ta be da lucky lass?"

He was silent for a meenit dan said: "I wis tinkin ta gie dee da first chance."

A Weisdale wife göd ta Lerook ta sell her glivs shö'd been makkin. Hit sae happened at da Greenland whalers wir in port an shö fell in wi ane o dem. As a result shö hed a boy nine monts later. (Da folk said eftir at shö göd ta sell glivs an cam hame wi Johnnie). Whin axed aboot wha Johnnie's faider wis shö was wint ta say: "I coodna richtly say, but dis I dö ken – he hed a white button i da baand o his breeks."

A Fetlar man aged aboot 80 had been mairried twice. His second wife had deeid an dey wir rumours at he was tinkin aboot takkin anidder ane. Da minister met him ee day and said: "Is it right, Jacob, that you are thinking of marrying again?"

"Weel," said Jacob, "ta tell you da truth, I hed tocht aboot it?"

"Do you think it wise at your age?" asked the minister.

"Weel, sir, whin a man's naiteral powers are unabated what is he ta do?"

Tales Oot O Skule

A teacher in a Shetland skule last century hed a routine every Friday o geean da senior class a test. Dan on Monday he called dem oot, wan by wan – an stude dem in a line at da front – highest marks first an sae on ta da lowest at da boddom. He walked doon da line makkin comments on der performance. First, as öswal, was his son, (not a popular boy) an he praised him. Dan he continued doon da line till he cam ta Tammy at da boddom. "Well, Thomas, as usual, the rubbish sinks to the bottom."

Tammy hed siffered dis treatment lang enoff an, lookin up da line, said: "Aye, an da scoom rises ta da tap!"

A peerie boy at school happened ta weet his breeks. He telt da teacher wha said he could phone his Mam ta bring a dry pair. Da peerie boy pickit up da phone i da head's office an telt his Mam whit was wrang. "Whaar's du ringin fae?" shö axed. "Fae da crotch an doon," cam da reply.

A Fetlar teacher i da aald days strack a pupil on da head wi a pointer. Da boy göd hame an telt his faider wha cam ta da skule nixt day in a rage. Da teacher cam ta da door an da faider said: "I want ta ken what gae you da richt ta ding up a knurlie apo my boy's head?"

Da teacher coodna quite follow what he was sayin so, tryin ta play for time, said, "Before I reply to that, perhaps you could tell me what you mean by a 'knurlie'.

"Feth," said da faider, I'm no muckle use at explainin, but if you only come oot owre da treshel-tree I'll gie you wan tae yourself tae examine at your laisher."

Da teacher was gien a lesson on da functions of the body an hed da class repeatin eftir her: "The nose smells, the eyes see, the feet run, etc."

Shö noticed a peerie boy sitin greetin an said: "What's wrong, William?"

"I'm made wrang," he sobbed.

"What do you mean, you're made wrong?"

"Me nose rins an me feet smells."

A peerie boy fae da country cam in tae da Lerook skule an was braaly shy i da muckle class he fan himself in. Da teacher tried every wye shö kent ta git him ta spaek bit he widna open his mooth ava. At last shö tocht o an idea. Shö cam wi a photo o a man wi a staff an a dog. "Now, William, where do you think he's going?"

William studied da picter vary carefully dan said: "I widna say but what he michtna be gyaan ta da hill."

Knappin

Shetlanders dunna laek folk pittin on airs, especially whin dey try ta shaa aff by spaekin a kind o exaggerated English – or knappin. Fir sic folk dey hae a gadderi o stories at shaa knappers comin croppers:

Da foreman o an oil depot in Lerook was phonin Aiberdeen aboot gittin a new tarpaulin for der wark. Da boss in Aiberdeen was questioning da need for a new ane an da local foreman said: "O yes, we need one badly; the one we have is all rivving and toaring."

Merran was in service in Edinburgh with a very kindly lady who asked her to invite one of her friends along some night for a meal. When Merran was arranging dis shö said tae her freend at shö was ta watch everything at Merran said an did an shö wid be aaricht.

Da first coorse was enjoyed an da lady said ta Merran: "Would you like some more, dear?"

"No thenks," replied Merran, "I'm fow!"

"And what about you, my dear?" shö axed her freend.

"No thenks," I'm fow tow!"

Anidder lass on service in da Sooth arrived on da boat. Her midder met her an axed: "Did du hae a göd trip, joy?"

"Not too bad, but I speowed in the Rowst."

Anidder young lass comin hame fae service in Edinburgh was welcomed by her faider. "O, Hello father. I hardly knew the old place whin I came trowe the hill-grynd."

Anidder young lass was comin hame on holiday fae bein in service in Edinburgh. As shö was gittin aff o da "Earl" on ta da flitboat on a breezy day shö keepit sayin: "I washed my hair last night an it's all over the place." Shö said dis braaly aften on da flitboat but whin dey wir aboot ta climm ashore on ta da pier, an aald man i da crew happened ta pit his fit on her ane. Shö gae a jimp an da aald man said: "I'm soarry, jewel, bit I wyshed my feet last nicht an der aa owre da place!"

A young fellow had been sailin deep sea for a bit. He arrived back hame an was doin a few jobs roond his folk's croft. Dey didna hae mony tools so he göd neist door tae der neebor an said: "I wonder if you could give me a touch of your haimer. I'm going to call in a few nails."

A sailor arriving hame fae a deep-sea trip was met by his faider on da pier. He was cerryin a muckle kit-bag an a suitcase.

"Boy," said da faider, "lat me gie de a haand wi dee kit-bag."

"No, it's all right, father. It's not the weight but the demned keg-gliness of the thing."

A crofter was bein interviewed by a visiting journalist. "What is it you do for a living, then?" axed da journalist .

"I just wirk aboot da croft an do a bit o fishin backwards an for-wards.

Glossary

aaber keen
antrin occasional

baak perch
baaled threw
baet o floss bundle of common rush
banks sea cliffs
bedd lived
benort north of
birsy rough
blow brag
blyde pleased
bonxie great skua
boom bomb
braaly fairly
briggistanes paving stones in front of house
bulderit clumsy and headstrong

caa gather sheep from hill
coarn small quantity
coorse rough
craatae crowfoot
craetir creature
crossbaaks roof beams

dirl great hurry
draachts draws
dyeuk duck

ee one

ert-kent known widely
ex axe

flan gust of wind
flittin moving to fresh grazing
fornenst opposite
fourareen four-oared boat
frush mass

gadderi collection
garrons large nails
gavel gable
girse grass
glaepit swallowed quickly
grutten cried
gutteen gutting herring

haand's turn small amount of work
heels-owre-head topsy-turvy
hench-heads haunch-heads
hinniwir seaweed
hirdin harvesting
hoosumever however

ill bad
ill-laek ugly

kishie straw carrying basket
klined cleared
knappin talking "properly"
knurlie lump

kyaar coir
lay mood
lock lot
löin listening
lowein coal burning brand

makkin knitting
meldi corn spurrey
misdootin doubting
motts motes

nearbegyaan miserly
nevfoo handful
no sae ill not badly

okrabong tuberous weed
on-kerry carry-on
öt ate
owse bale
oxters armpits

pechs pants
peerie small
pexin struggling
plester volley of oaths

redder large comb
reeb mark
reeved hauled vigorously
riggit dressed
ripp rush
riskin cutting
runshik yellow weed in cornfield

scoom scum

selkies seals
shiggly shaky
siclaek such
skaadman's head sea urchin
skarfs cormorants
skeetit slid
skerry sea rock
skurtit lifted in arms
sneet blow, as nose
sook-in disappointment
spents out-of-season herring
sprit rush
stimin peering closely
sturkened congealed

töllied quarrelled
trams shafts
trang busy
treshel-tree threshold
trowe during
twartree a few

unkirsen unclean
uplowsin heavy rain

veev vivid
Voar Spring

waelin selecting
wint accustomed
wirsit woollen
wrocht worked

yockit seized